BEI GRIN MACHT SICH IHR WISSEN BEZAHLT

AF145698

- Wir veröffentlichen Ihre Hausarbeit,
  Bachelor- und Masterarbeit

- Ihr eigenes eBook und Buch -
  weltweit in allen wichtigen Shops

- Verdienen Sie an jedem Verkauf

Jetzt bei www.GRIN.com hochladen und kostenlos publizieren

Bibliografische Information der Deutschen Nationalbibliothek:

Die Deutsche Bibliothek verzeichnet diese Publikation in der Deutschen National-bibliografie; detaillierte bibliografische Daten sind im Internet über http://dnb.d-nb.de/ abrufbar.

Impressum:

Copyright © 2018 GRIN Verlag
Druck und Bindung: Books on Demand GmbH, Norderstedt Germany
ISBN: 9783668828896

Dieses Buch bei GRIN:

https://www.grin.com/document/445372

Nada Osman

Die weibliche Genitalverstümmelung. Arten, Gründe und Folgen mit zusätzlichem Fokus auf die Lage in Österreich

GRIN Verlag

GRIN - Your knowledge has value

Der GRIN Verlag publiziert seit 1998 wissenschaftliche Arbeiten von Studenten, Hochschullehrern und anderen Akademikern als eBook und gedrucktes Buch. Die Verlagswebsite www.grin.com ist die ideale Plattform zur Veröffentlichung von Hausarbeiten, Abschlussarbeiten, wissenschaftlichen Aufsätzen, Dissertationen und Fachbüchern.

Besuchen Sie uns im Internet:

http://www.grin.com/

http://www.facebook.com/grincom

http://www.twitter.com/grin_com

BG&BRG Graz

Pestalozzistraße 5

8010 Graz

Die weibliche Genitalverstümmelung

Arten, Gründe und Folgen mit zusätzlichem Fokus auf

die Lage in Österreich

Verfasserin:

Nada Osman

Graz, im Mai 2018

Prüfungsfach: WKN

Klasse: 7B

Schuljahr: 2017/2018

Abstract

Schon über viele Jahrhunderte wird die Praktik der weiblichen Genitalverstümmelung (FGM) in vielen Länder praktiziert. Früher war diese ‚Tradition' in nur einigen Gebieten präsent, doch im Laufe der Jahre und der Migrationsströme hat sich diese jedoch in so gut wie allen Kontinenten verbreitet. Diese Arbeit hat sich das Ziel gesetzt die Ursprungsgeschichte, Gründe, Arten, Folgen und Lösungsansätze der weiblichen Genitalverstümmelung darzustellen. Im letzten Teil der Arbeit wird der Fokus auf die allgemeine und rechtliche Lage in Österreich gelegt. Abschließend werden alle Beratungsstellen, die im Bereich FGM tätig sind, aufgelistet.

Vorwort

Viele Menschen schließen die Augen vor ernsten und oder unangenehmen Themen. Doch das ist genau das, was falsch läuft in unserer Gesellschaft. Das Buch und der Film „Die Wüstenblume", welcher die Leidensgeschichte des somalischen Topmodels Waris Dirie widergibt, brachte mich erstmals dazu, den Begriff ‚FGM' im Internet zu suchen. Nach einigen Recherchen ist mir aufgefallen, dass viele Mädchen und Frauen in Ägypten stark von FGM betroffen sind. Obwohl ich jedes Jahr zwei ganze Monate im Sommer dort verbringe, kam der Begriff FGM nie zur Sprache. Dies liegt an der Tabuisierung des Themas. Aus diesem Grund möchte ich so vielen wie möglich die Augen öffnen, damit umso mehr Menschen ein Teil der Lösung werden, um endlich ein Ende dieser grauenvollen Praktik zu setzen.

An dieser Stelle möchte ich mich recht herzlich bei meinen Freunden Florencia Kristen, Esta Tomic-Tunjic und Sophie Deutsch für die Unterstützung bedanken.

Inhaltsverzeichnis

1. Einleitung

Weibliche Genitalverstümmelung, im Englischen Female Genital Mutilation (FGM), bezeichnet die vollständige oder teilweise Beschädigung der äußeren Geschlechtsorgane. Diese Praktiken sind in den meisten Fällen traditionell bedingt. In Ländern in denen Daten verfügbar sind, liegen die Hauptverbreitungsgebiete in West- und Nordostafrika, sowie im Jemen, Irak, Indonesien und Malaysia. Aufgrund der Tabuisierung des Themas, ist von einer weitaus größeren Verbreitung auszugehen. Es wird geschätzt, dass weltweit etwa 200 Millionen beschnittene Mädchen und Frauen leben und jährlich sind drei Millionen Mädchen der Gefahr ausgesetzt, auch Opfer von Genitalverstümmelung zu werden. Von Region zu Region unterscheiden sich die Art der Beschneidung und das Alter des Mädchens beziehungsweise der Frau in der sie beschnitten werden soll. Die Praktik wird ohne medizinische Begründung und zum Großteil unter unhygienischen Bedingungen, ohne Betäubung und von medizinisch nicht geschultem Personal oft mit Rasierklingen, Glasscherben und Ähnlichem durchgeführt. Deswegen kommt es zu ernsthaften physischen und psychischen Folgen für die Betroffen, die sogar zum Tod führen können und in vielen Fällen kommt es auch dazu. Deswegen steht FGM seit Langem in der Kritik von Menschen- und Frauenrechtsorganisationen vieler Länder. Sowohl internationale als auch nationale staatliche Organisationen versuchen gegen diese Praktik anzukämpfen. Die Vereinten Nationen, UNICEF, UNIFEM und die Weltgesundheitsorganisation (WHO) wären solche internationale staatliche Organisationen. Nichtstaatliche Organisationen wie Amnesty International, Terre des Femmes oder Plan International wenden sich gegen die Genitalbeschneidung und stufen sie als Verletzung des Menschenrechts auf körperliche Unversehrtheit ein. Die weibliche Genitalverstümmelung ist weltweit in den meisten Staaten – unter anderem in allen Staaten der Europäischen Union – strafbar. Dennoch sind in vielen dieser Staaten junge Mädchen, so auch in Österreich, in Folge von verstärkter Zuwanderung zunehmend bedroht. In Österreich sind schätzungsweise bis zu 50 000 Frauen betroffen, und europaweit gibt es eine halbe Million Opfer; die meisten davon in Frankreich.

Das Ziel dieser Arbeit ist es einen Überblick über die ernsthaften Folgen von Genitalverstümmelung zu bieten. Außerdem werden intensiv auf die verschiedenen Techniken der weiblichen Beschneidung eingegangen und zusätzlich noch auf die bereits erwähnte Verbreitung und Lösungsansätze.

Der Hauptteil der Arbeit wird in sieben Großkapitel aufgeteilt, beginnend mit der allgemeinen Begriffserklärung von FGM/C und FC. In den darauf folgenden Kapiteln wird die Ursprungsgeschichte von FGM erzählt und es werden Argumentationsgründe für die Durchführung der weiblichen Genitalverstümmelung aufgelistet. Im Kapitel danach wird kurz auf die Hauptverbreitungsgebiete eingegangen und dann werden intensiv die verschiedenen Formen von FGM beschrieben. Anschließend werden sowohl auf die physischen als auch die psychischen Folgen der betroffen Mädchen und Frauen näher eingegangen. Außerdem geht man noch auf Lösungsvorschläge ein, um die weibliche Genitalverstümmelung zu stoppen beziehungsweise um weitere Verbreitungen zu verhindern. Im letzten Kapitel geht es um die derzeitige Lage in Österreich, wie die rechtliche Situation aussieht, und welche Beratungsstellen es gibt.

Die Arbeit ist reproduktiv verfasst worden.

2. Allgemeine Begriffserklärungen

2.1. Beschneidung weiblicher Genitalien – Genitalverstümmelung

„Bei der weiblichen Genitalverstümmelung handelt es sich um verschiedene Formen operativer Eingriffe an den äußeren weiblichen Genitalien, die Traditionell hauptsächlich in etwa 28 afrikanischen Ländern praktiziert werden. qFGM existiert in erster Linie bei afrikanischen Musliminnen, aber beispielsweise auch bei koptischen Christinnen in Ägypten und dem Nordsudan sowie bei in Israel lebenden äthiopischen Jüdinnen."[1]

Man unterscheidet generell zwischen:

- FC – Female Circumcision
  Weibliche Beschneidung
- FGM – Female Genital Mutilation
  Weibliche Genitalverstümmelung
- FGC – Female Genital Cutting
  Weiblicher Genitalschnitt

Das Thema der weiblichen Genitalverstümmelung wird weltweit diskutiert und dokumentiert, wobei sich in den letzten Jahren der Begriff der ‚weiblichen Genitalverstümmelung' (FGM) gegenüber dem Begriff ‚weibliche Beschneidung' (FC) speziell auf politischer Ebene durchgesetzt hat. Der Grund dieser Transformation ist folgender: Der Begriff der ‚weiblichen Beschneidung' wurde in der Vergangenheit und wird auch leider teilweise noch heute mit der ‚männlichen Beschneidung' oder ‚Vorhaut-Beschneidung' fälschlicherweise gleichgesetzt. Wenn man die ‚weibliche Beschneidung' mit der ‚männlichen Beschneidung' gleichsetzte, so würde dies jedoch die komplette oder teilweise Amputation des Penis bedeuten. Das heißt also, dieser Begriff verharmlost die weibliche Genitalverstümmelung.

---

[1] Schnüll: Weibliche Genitalverstümmelung, S. 24.

3. Geschichte und Ursprünge von FGM

Die Ursprünge dieser Tradition sind nicht klar festzulegen, sehr wahrscheinlich begann sie aber vor mehreren tausend Jahren. Herodot berichtete von der Beschneidung einer Frau in Ägypten ca. 500 vor Christus. Außerdem gibt es Nachweise, dass auch schon die frühgeschichtlichen römischen und arabischen Kulturen sich dieser Methode bedienten. Irgendwann im Laufe der Geschichte wurden dann die Beschneidungspraktiken mit der fast schon zwanghaften Verehrung der Jungfräulichkeit und Keuschheit, die man auch heute noch in vielen afrikanischen und arabischen Kulturen vorfindet, in Verbindung gebracht. Eine andere geschichtliche Begründung ist der Glaube der ägyptischen Pharaonen, dass ihre Götter bisexuell gewesen seien. Daraus folgte für sie, dass in jedem menschlichen Wesen eine männliche und weibliche Seele existieren müsste. Die weibliche Seele des Mannes wurde in der Vorhaut vermutet und die männliche Seele der Frau in der Klitoris. Das bedeutete, dass junge Männer, um vollständig in die männliche Gemeinschaft aufgenommen zu werden, die Entfernung ihrer Vorhaut über sich ergehen lassen mussten. Mädchen auf der anderen Seite, mussten sich die Klitoris und oft auch Teile ihrer Schamlippen beschneiden lassen, um in die weibliche Gemeinschaft aufgenommen zu werden. Die Verstümmelungen beschränkten und beschränken sich aber keineswegs ausschließlich auf Afrika. Die Beschneidung der Klitoris war gerade im englischsprachigen Europa des 19. Jahrhunderts sehr weit verbreitet. Nach der damaligen Ansicht war die Masturbation einer der Hauptgründe für viele geistige Krankheiten von Frauen. Mit Hilfe der Beschneidung wollte man der Masturbation entgegenwirken und so die Geisteskrankheiten bekämpfen. Genauso versuchte man weibliche Homosexualität, Hyper-Sexualität und Hysterien mit klitoralen Beschneidungen zu „heilen".[2]

---

[2] Vgl. [o.A.]: Geschichte der weiblichen Genitalverstümmelung. [Internetseite].

4. Argumentationsgründe für FGM

„Den meisten wird glauben gemacht, daß FGM eine religiöse Pflicht ist. Obwohl es zutrifft, daß die Exzision und die Infibulation meist von Moslems praktiziert werden, während die Klitoridectomie teilweise bei den Christen vorkommt, erwähnen weder die Bibel noch der Koran derartige Rituale. Keine Form von FGM wird in den bekannten moslemischen Ländern wie Saudi-Arabien, Irak, Jordanien und Lybien praktiziert."[3]

In vielen Ländern ist die Jungfräulichkeit eine Vorbedingung für die Heirat, aus diesem Grund soll mindestens die Klitoris entfernt werden, um die Frau vor ihrer sexuellen Natur zu schützen. Man soll die Frau von Versuchungen, Verdächtigungen und Schande schützen und ihre Keuschheit bewahren. Durch FGM/C glaubt man, das Problem lösen zu können – sogar, wenn es das Leben der Opfer kosten sollte. FGM/C reduziert jedoch nur die Empfindlichkeit und nicht das Verlangen.

Viele allerdings nutzen ‚Tradition' als Hauptbegründung für diese Praktik. Der kulturelle Druck, ist so groß, dass sogar die einsichtigsten und gebildetsten unter ihnen es nicht wagen, die Tradition fallen zu lassen – selbst, wenn sie im Prinzip dagegen sind.[4] Aus diesem Grund ist es schwer, die weibliche Genitalverstümmelung zu stoppen.

---

[3] [o.A.]: Gründe für die Genitalverstümmelung. [Internetseite].
[4] Vgl. [o.A.]: Gründe für die Genitalverstümmelung. [Internetseite].

5. Daten und Fakten

„FGM/C ist weltweit verbreitet, am häufigsten auf dem afrikanischen Kontinent und auf der arabischen Halbinsel (Vereinigte Arabische Emirate, Oman, Jemen), sowie in Asien (Indonesien, Malaysia, Indien)."[5] FGM/C konnte trotz gesetzlicher Verbote und zahlreichen internationalen Kampagnen die sich auf die Menschenrechte berufen, nicht eliminiert werden. Aufgrund der Migrationsströme im Laufe der Jahre, fand eine räumliche Verschiebung satt, die diese Praktik nach Europa, Nord-/Südamerika und Australien getragen hat. Die Weltgesundheitsorganisation WHO schätzt, dass es weltweit 200 Millionen ‚beschnittene' Mädchen und Frauen gibt, und man spricht jährlich von drei Millionen von FGM/C bedrohten Mädchen.[6]

[7]

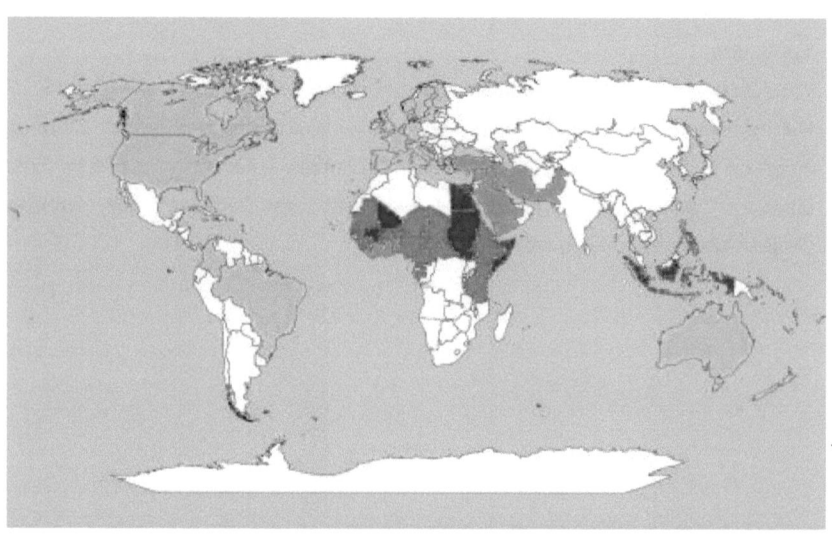

Abbildung 1: Dunkelrot und Rot: Hauptverbreitungsgebiete von FGM/C
Hellrot: Verbreitungsgebiete im Laufe der Zeit

---

[5] Heinisch-Hosek: Tradition und Gewalt an Frauen, S. 14.
[6] Vgl. Heinisch-Hosek: Tradition und Gewalt an Frauen, S. 14.
[7] Verbreitungsgebiete von FGM: https://warisdirie.wordpress.com/2010/09/15/fgm-and-poverty-fgm-und-armut/, zuletzt eingesehen am 22.05.2018.

6. Verschiedene Typen der Genitalverstümmelung

Es gibt drei Haupttypen der Genitalverstümmelung: Typ I oder Sunna Beschneidung; Typ II oder Exzision (Entfernung); Typ III oder Infibulation beziehungsweise Pharaonische Inzision. Zusätzlich werden alle restlichen Formen der weiblichen Genitalverstümmelung in eine vierte Gruppe zusammengefasst.

6.1. Typ I: Klitoridektomie – „sunna"

Die Klitoridektomie bezeichnet die teilweise oder komplette Entfernung der Klitoris. Diese Form der Genitalverstümmelung wird in weiten Teilen Afrikas, hauptsächlich in Ländern parallel zum Äquator, praktiziert. Vorzufinden ist die vor allem in Ägypten, Äthiopien, Somalia, Kenia und Tansania. Auf der westafrikanischen Küste ist diese Form zwischen Sierra Leone und Mauretanien in allen Ländern zu finden.

Unter Sunna wird die Gesamtheit der Überlieferungen und Verhaltensnormen, die auf Prophet Mohammed und seine Gefährten zurückzuführt werde, verstanden. Die Form der Beschneidung, die in der mündlichen Überlieferung Mohammeds vorkommt, sieht eine Entfernung der Vorhaut. Jedoch ist hier die männliche Beschneidung gemeint, dennoch beziehen viele Regionen dies auch für Mädchen und Frauen und entfernen mit der Vorhaut, die die Klitoris schützt, zusätzlich, teilweise oder ganz, die gesamte Klitoris. Diese Form wird in Ländern des mittleren Ostens praktiziert und hier vor allem in Oman, Jemen, Saudi Arabien und den Vereinigten Arabischen Emiraten. In diesen Ländern zählt sie aber nicht zu den dominanten Formen der Genitalverstümmelung.[8]

---

[8] Vgl. Sarkis: FGC. [Internetseite].

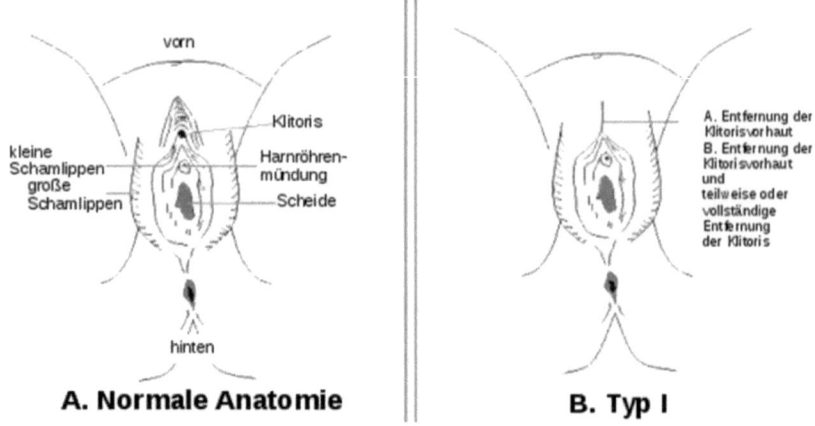

Abbildung 2:Genitalien nach Klitoridektomie[9]

6.2.   Typ II: Exzision

Diese Form bezeichnet die teilweise oder gänzliche Entfernung der weiblichen Klitoris im Zusammenhang mit einer teilweisen oder gänzlichen Entfernung der Schamlippen. Etwa 80 Prozent aller betroffenen Mädchen und Frauen, werden dieser Prozedur unterzogen. Sie wird meist auch in den Ländern durchgeführt, in welchen die Infibulation, die als nächstes beschrieben wird, verboten wurde. [10]

---

[9] Beschneidungsformen (nach WHO):, zuletzt eingesehen am 21.05.2018.
[10] Vgl. Sarkis: FGC. [Internetseite].

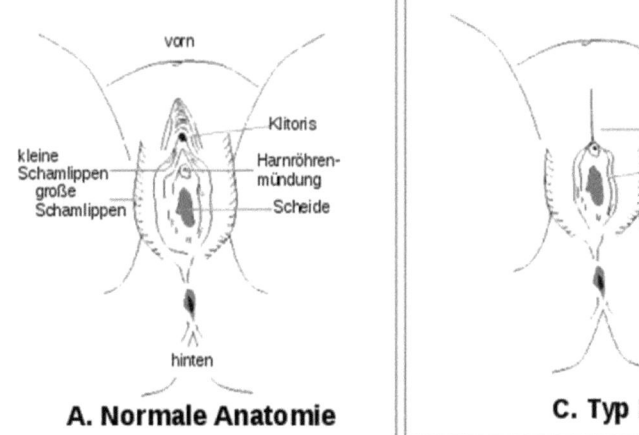

Abbildung 3: Genitalien nach Exzision[11]

6.3. Typ III: Infibulation/Pharaonische Inzision

Bei dieser Art der Verstümmelung werden die komplette Klitoris, die kleinen Schamlippen sowie die innere Schicht der äußeren Schamlippen entfernt. Die verbleibenden Teile der äußeren Schamlippen werden dann vernäht oder mit Dornen aneinander befestigt. Mit einem kleinen Stück Holz wird dafür gesorgt, dass eine kleine Öffnung für den Urin und das Menstruationsblut in der Vagina verbleibt. Je kleiner diese Öffnung ist, umso höher wird der Brautpreis für die zukünftige Braut sein. Nach dem Eingriff werden dem Mädchen die Beine bis zur Hüfte zusammengebunden, um in diesem Zustand, auf einer Matte liegend, 15 bis 20 Tage auszuharren, bis die Wunde verheilt ist.[12]

---

[11] Beschneidungsformen (nach WHO):
https://de.wikipedia.org/wiki/Weibliche_Genitalverst%C3%BCmmelung#/media/File:FGM_Types_german.sv
g, zuletzt eingesehen am 21.05.2018.
[12] Vgl. Sarkis: FGC. [Internetseite].

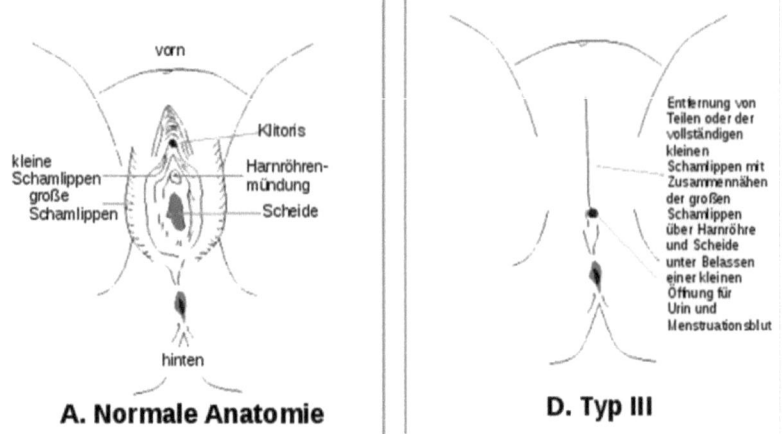

A. Normale Anatomie

- Klitoris
- Harnröhrenmündung
- Scheide
- kleine Schamlippen
- große Schamlippen
- vorn
- hinten

D. Typ III

Entfernung von Teilen oder der vollständigen kleinen Schamlippen mit Zusammennähen der großen Schamlippen über Harnröhre und Scheide unter Belassen einer kleinen Öffnung für Urin und Menstruationsblut

Abbildung 4: Genitalien nach der Infibulation[13]

6.4. Typ IV: Diverse

Unter ‚Diverse' werden alle restlichen Arten von FGM zusammengefasst. Die Introzision beispielsweise ist die Vergrößerung der vaginalen Öffnung in dem diese nach unten gezogen wird. Außerdem gibt es noch Formen der Genitalverstümmelung, in denen die Klitoris oder die Schamlippen durchstochen, gepierct, gedehnt, verbrannt oder aufgekratzt werden bzw. jene Formen, bei der ätzende Substanzen oder Kräuter in die Vagina eingeführt werden. Refibulation: Diese wird bei Frauen die gerade ein Kind geboren haben, verwitwet oder geschieden sind angewandt, um eine jungfräuliche Vagina vorzutäuschen. Die Ränder der Narben werden dabei nochmals ausgeschält und zusammengenäht, oder es werden die losen Gewebereste zusammengenäht. Diese Praktik wird zum einen durchgeführt, um den Männern ein größeres sexuelles Vergnügen zu bereiten. Auf der anderen Seite ist die Refibulation allerdings oft auch aus medizinischen Gründen notwendig. Aufgrund des unelastischen Narbengewebes der genitalverstümmelten Frau, kann es bei der Geburt oft ein Dammschnitt

---

[13] Beschneidungsformen (nach WHO):
https://de.wikipedia.org/wiki/Weibliche_Genitalverst%C3%BCmmelung#/media/File:FGM_Types_german.sv g, zuletzt eingesehen am 21.05.2018.

notwendig sein, der auf einer speziellen Technik basiert und dadurch eine Refibulation zur optimalen Wundversorgung notwendig macht.[14]

7. Folgen

7.1. Physische Folgen

Die Verstümmelung der äußeren weiblichen Genitalien stellt eine irreparable Schädigung dar. Der weibliche Genitalbereich ist sehr sensibel, stark mit Nerven und von zahlreichen Arterien versorgt. Die Verstümmelungen führen daher oft zu extremen Schmerzen und starken Blutungen, die Krampfanfälle und Schock auslösen und sogar bis zum Tod führen können. Bei den Eingriffen sind auch Beschädigungen des Analschließmuskels oder der Harnröhre nicht auszuschließen. Dadurch, dass die Genitalverstümmelung meist unter unhygienischen Bedingungen verlaufen, kommt es nicht selten zu Infektionen, Blutvergiftungen oder HIV Übertragungen. Langfristig können bei den Narben, Narbenwülste entstehen, die zu einer Verengung der Vagina und damit zu weiteren Erschwernissen bei urinieren, beim Geschlechtsverkehr und bei Geburten führt. Die Menstruation wird von fast allen geschlechtsverstümmelten Frauen als schmerzhaft empfunden. Das Blut kann logischerweise nur sehr schwer abfließen und staut sich auf, was die Menstruation verlängert und der Frau Schmerzen bereitet.

7.2. Psychische Folgen

Neben den körperlichen Konsequenzen, die immer wieder im Mittelpunkt der Diskussion stehen, lassen sich auch eine Reihe von psychischen Konsequenzen im Zusammenhang mit Genitalverstümmelungen nachweisen. So gibt es zum Beispiel Berichte über Panikattacken, die Frauen befallen, wenn sie bestimmte Gegenstände sehen, die sie an die Verstümmelungssituation erinnern. Viele Frauen versuchen auch das Problem nicht nur zu verdrängen sondern sie spalten es förmlich ab (Dissoziation), was dazu führt, dass sich diese Frauen an gar nichts mehr im Zusammenhang mit der Verstümmelung erinnern können. Sehr traumatisierend wirkt auf viele Frauen, dass die Übergabe an die

---

[14] Vgl. Sarkis: FGC. [Internetseite].

Beschneiderinnen meist durch eine sehr vertraute Person, oft die Mutter oder Tanten, passiert. Das Gefühl, dass man im Stich gelassen wurde, tritt dadurch sehr häufig zu Tage und resultiert in einem massiven Vertrauensverlust gegenüber der engsten Verwandten. Viele Frauen leiden daher an Depressionen. [15]

8. Lösungsansätze

Laut UNICEF sprach eine große Mehrheit der Menschen in den betroffenen Regionen gegen FGM aus. Dies gibt Anlass zur Hoffnung diese Praxis zu beenden. Es erließen Staaten wie zum Beispiel Gambia und Nigeria 2015 eine nationale Rechtsvorschrift, wonach alle Formen von FGM unter Strafe zu stellen sind. Dies hatte zur Folge, dass sich mehr als 1.900 Gemeinschaften in 16 Ländern mit verfügbaren Daten - fünf Millionen Personen - in Form von öffentlichen Erklärungen und Kundgebungen gegen FGM aussprachen. Die Forschungsergebnisse von UNICEF lassen auch darauf schließen, dass es einen möglichen Zusammenhang zwischen dem Bildungsgrad der Mutter und der Wahrscheinlichkeit einer Genitalverstümmelung ihrer Tochter gibt. In 28 Ländern mit verfügbaren Daten ist eine von fünf Töchtern von Müttern ohne Bildungszugang ein Opfer von FGM geworden. Bei den Müttern mit höherer Schulbildung ist es eine von neun Töchtern. Aktuell leben in 30 Ländern mindestens 200 Millionen Mädchen und Frauen, an denen eine Genitalverstümmelung durchgeführt wurde. Die Datensammlung spielt eine wichtige Rolle, um die wahren Meinungen und Anschauungen von Gemeinschaften zu FGM aufzudecken. Wenn einzelne Personen erkennen, dass andere die Praxis nicht unterstützen, wird es einfacher FGM zu beenden. Jedoch muss mehr Arbeit mit jungen Menschen, Männern und Frauen, Gemeinschaften, wie auch religiösen und politischen Leitfiguren stattfinden, um diese Erkenntnisse hervorzuheben und auf die schädlichen Folgen von FGM aufmerksam zu machen. Man muss nun diese Bewegung beschleunigen, um FGM zu beenden. UNICEF und der Bevölkerungsfonds der Vereinten Nationen (UNFPA) arbeiten momentan in 17 Ländern auf allen Ebenen zur Beendigung von Weiblicher

---

[15] Vgl. Sarkis: FGC. [Internetseite].

Genitalverstümmelung.[16] Deshalb steht FGM/FGC seit Langem in der Kritik von Menschen- und Frauenrechtsorganisationen vieler Länder. Sowohl internationale staatliche Organisationen als auch nichtstaatliche Organisationen wie Amnesty International, Terre des Femmes oder Plan International wenden sich gegen die Genitalbeschneidung und stufen sie als Verletzung des Menschenrechts auf körperliche Unversehrtheit ein, auf die mit dem Internationalen Tag gegen weibliche Genitalverstümmelung, der seit 2003 jährlich am 6. Februar stattfindet, aufmerksam gemacht werden soll.

9. Derzeitige Lage in Österreich

In Österreich finden sich zum Thema Genitalverstümmelung unterschiedliche Haltungen. Mitunter wird die Meinung vertreten, dass FGM ein Brauchtum aus Afrika ist, diese Praxis ausschließlich in Afrika praktiziert wird und daher mit Österreich nichts zu tun hat. Es gelte, die Kultur und die vorherrschenden Rituale des jeweiligen Landes zu akzeptieren und sich nicht dem Ethnozentrismus hinzugeben. Dieses Meinungsbild wird des Öfteren vom vorherrschenden Kulturrelativismus, der speziell in Kontext mit Migration und Interkulturalität verwendet wird, untermauert. Es wird aber auch die Meinung vertreten, dass FGM eine klare Menschenrechtsverletzung darstellt, die es mit allen Mitteln zu bekämpfen gilt. Nach wie vor sind in Österreich unter den Migrantinnen Fälle von FGM bekannt. So betreut das Caritas Frauenwohnheim in Graz unter anderem Frauen, bei denen FGM durchgeführt worden ist, und Frauen, die aufgrund einer drohenden FGM aus ihrem Heimatland geflüchtet sind. Des Weiteren sind Kinder, die aus Migrationsfamilien stammen, in deren Kultur FGM nach wie vor ein wichtiges Thema ist, permanent der Gefahr einer drohenden Genitalverstüm-melung ausgesetzt.

Man geht zurzeit von zirka 50 000 genitalverstüm0melten Frauen in Österreich aus. Verglichen mit Daten vor wenigen Jahren, hat sich die Anzahl der ‚beschnittenen' Frauen um mehr als das doppelte vergrößert. Aufgrund der hohen

---

[16] Vgl. [o.A.]: Female genital mutilation/cutting [Internetseite].

Migrationsströme in letzter Zeit in Österreich, wird auf eine Vermehrung der Anzahl vermutet.

9.1. Rechtliche Situation

„In Österreich gilt die Durchführung von FGM/C als Körperverletzung und ist in jeder Regel als absichtliche Körperverletzung mit schweren Dauerfolgen strafbar."[17]

Es machen sich nicht nur die BeschneiderInnen, die den Eingriff durchführen, strafbar, sondern auch die Eltern, die an ihrer Tochter eine Genitalverstümmelung vornehmen lassen. Auch gilt dieses Gesetz, wenn der Eingriff im Ausland ausgeführt wurde.

Außerdem besteht bei Ärztinnen und Ärzten eine Anzeige- und Meldepflicht, Dokumentpflicht und Auskunftserteilung, auch wenn nur ein Verdacht auf FGM besteht.

9.2. Beratungsstellen in Österreich

In Österreich gibt es zahlreiche sowohl staatliche als auch nichtstaatliche Organisationen, die sich mit dem Thema FGM auseinandersetzen, jedoch gibt es in Österreich vier Beratungsstellen die sich mit FGM befassen. Diese wären: Bright Future, FEM-Süd, Hemayat und den Orient-Express. FEM-Süd und Bright Future haben sich besonders im Bereich FGM und Beratung spezialisiert. Der Orient-Express leistet zusätzlich gute Arbeit im Bereich Zwangsheirat. All diese Beratungsstellen befinden sich in Wien. Außerdem kann man sich, falls man im Ausland ist, in allen österreichischen Botschaften Hilfe suchen.

---

[17] Heinisch-Hosek: Tradition und Gewalt an Frauen, S. 13.

10. Resümee

Das Ziel der hier vorliegenden Arbeit ist es einen Überblick über die weibliche Genitalverstümmelung (FGM) und deren Arten, Gründe und Folgen zu schaffen, und zusätzlich noch den Fokus auf die Lage in Österreich zu legen. Dementsprechend wird auf die Ursprungsgeschichte von FGM eingegangen, sowie auf Beratungsstellen in Österreich.

Aktuell leben in 30 Ländern mindestens 200 Millionen Mädchen und Frauen, an denen eine Genitalverstümmelung durchgeführt wurde. Jährlich sind drei Millionen Mädchen der Gefahr ausgesetzt auch Opfer von Genitalverstümmelung zu werden. Die Weltgesundheitsorganisation (WHO) unterscheidet vier Formen von FGM: Die ‚Klitoridektomie' ist die teilweise oder komplette Entfernung der Klitoris und/oder der Vorhaut. Die ‚Exzision' ist die teilweise oder komplette Entfernung der Klitoris und der kleinen Schamlippen mit oder ohne Entfernung der großen Schamlippen. Dann gibt es noch die ‚Infibulation' beziehungsweise die ‚Pharaonische Inzision', dies ist die teilweise oder komplette Entfernung der äußeren Genitalien und Zunähen der verbleibenden Haut bis auf eine kleine Öffnung. Zu Letzt wird die ‚Diverse' besprochen, dies ist die nicht klassifizierte Praktik, zum Beispiel Einstechen, Einschneiden oder Einreißen der Klitoris. Die Art der Beschneidung variiert je nach Region und praktizierender Gemeinschaft. Auch der Zeitpunkt der Beschneidung unterscheidet sich. Es darf nicht außer Acht gelassen werden, dass dieser Eingriff nicht mehr rückgängig zu machen ist. Er kann langfristige Komplikationen für die körperliche und psychische Gesundheit der Mädchen und Frauen zur Folge haben wie jahrelange bis lebenslängliche Schmerzen, Blutungen, Infektionen, Narbenbildungen, HIV-Übertragungen sowie Depressionen und oder Tod.

Manche Gesellschaften sehen die weibliche Genitalverstümmelung als einen Prozess des Erwachsenwerdens. Andere wiederum vermuten, dass in der Klitoris die männliche Seele steckt, und diese soll entfernt werden, um in die weibliche Gemeinschaft aufgenommen zu werden. Je nach Region unterscheiden sich jedoch die Gründe.

Die weibliche Genitalverstümmelung ist weltweit in den meisten Staaten strafbar. Dennoch sind in vielen dieser Staaten junge Mädchen, so auch in Österreich, in Folge von verstärkter Zuwanderung zunehmend bedroht. In Österreich sind schätzungsweise bis zu 50 000 Frauen betroffen. UNICEF und der

Bevölkerungsfonds der Vereinten Nationen (UNFPA) arbeiten momentan in 17 Ländern um der weiblichen Genitalverstümmelung ein Ende zu setzen. Laut Recherchen gibt es in Österreich derzeit vier Beratungsstellen die speziell im Bereich FGM tätig sind: Bright Future, FEM-Süd, Hemayat und der Orient-Express. Alle befinden sich in Wien.

Die Arbeit wurde mit Hilfe der reproduktiven Methode verfasst.

11. Quellenverzeichnis

Heinisch-Hosek, Gabriele: Tradition und Gewalt an Frauen. aktualisierte und erweiterte Neuauflage. Wien: 2014.

Schnüll, Petra: Weibliche Genitalverstümmelung. Eine fundamentale Menschenrechtsverletzung. 1. Aufl. Frankfurt am Main: TERRE DES FEMMES (Hg) 1999.

Sarkis, Marianne: Female Genital Cutting /FGC): An Introduction. In: http://www.fgmnetwork.org/intro/fgmintro.html, zuletzt eingesehen am 21.05.2018.

[o.A]: Geschichte der weiblichen Genitalverstümmelung. In: https://de.wikipedia.org/wiki/Weibliche_Genitalverst%C3%BCmmelung#Geschichte , zuletzt eingesehen am 20.05.2018.

[o.A]: Gründe für die Genitalverstümmelung. In: http://library.fes.de/fulltext/iez/00726003.htm, zuletzt eingesehen am 21.05.2018.

[o.A.]: Female genital mutilation/cutting. In : https://www.unicef.org/protection/57929_58002.html, zuletzt eingesehen am 21.05.2018.